父の約束

本当のフクシマの話をしよう

[もくじ]

危険を知っていたのに

私は福島県の福島市で被災しました。福島県は山脈山地で三つの地域に分かれていて、浜通り・中通り・会津地方というい方をします。福島市はその中通り、今回事故を起こした福島第一原発からは北西に直線で約60キロ、阿武隈山地を越えたところにあります。

あの地震が起こったときは、これはただごとではない、とわかるほど、今まで経験したことのない揺れでした。私は障がい者団体の相談員をやっていたのですけれども、ちょうどそのとき重度の障がい者のかたが、生活相談でみえていたところでした。車いすが倒れるのではないかと思うくらい激しい揺れでした。脇にあった書類棚が大きく揺れながら、だんだんとこちらに近づいてきました。書類棚はかなり重いもので、これが倒れてきたらさすがに助からないだろうなどと考えながら、書類棚をおさえ、いっぽうでは障がい者のかたの車いすを支えながら、揺れがおさまるのを待ちました。

あとからわかりましたが、4、5分は揺れていました。あっという間だったような気もします。揺れがおさまりますと、早速地域の障がい者の仲間たちの安否確認にとりかかりました。とくに一人暮らしのかたを中心に、安否確認にスタッフが駆けずり回る、その陣頭指揮をとっておりました。

地震によって、電気・ガス・水道などいわゆるライフラインが、インターネット、電話も含めて止まってしまいました。電気は、私のところは幸いにもいちはやく復旧しましたので、ラジオとテレビをつけて情報を集めながら、復旧活動にとりかかりました。

けれども、揺れがあったそのときから、ずっと私の頭から離れなかったのは、原発のことでした。私は幸運なことに二十数年前、原発の危険性について学ぶ機会がありました。大地震が起きたときに原発がどうなるのかについても、ある程度知識がありました。原発は今どうなっているのか、常に気がかりでした。

残念な予想があたり、その日の夜には緊急事態宣言が発令されました。

私は今は、被災者として自覚をもって、これからの被害を少しでも小さくするため、被災者が新しい人生を歩むための後押しをしたい、と活動しております。しかし原発事故が起こったそのときに、私の心を占めていた感情は、そんな支援などというものではありませんでした。

なんだったかというと、もうどうしようもない後悔の思いです。20年以上も前から原発が危険であることを知っていたはずなのに、その後、原発を止めるために何もできずにきたひとりの大人として、後悔の気持ちばかりでした。そしてもう一つは、これから放射能による被害を、私たち大人以上に子どもたちに背負わせることになってしまった、この懺悔の気持ちです。しばらくは、何かを主張したり、誰かを批判する気持ちにさえ、とうていなれませんでした。自分のこれまでのいたらなさ、子どもたちに対する申し訳なさ、そんな気持ちだけでした。今でもそうですが、とくに最初のころは、痛切な後悔と懺悔の気持ちばかりでした。

しかしこのままではいけない、黙っていては、さらに被害が拡大することがわかってきました。せめてこれから自分ができること、とくに子どもたちのために、今からできることをやらなければと、現在のような活動を始めました。

そういう思いを抱きながら、今日もお話をさせていただきます。

安全宣伝キャンペーン

まず事故が起こって、福島がどうなってしまったのかをお話しします。

原発事故が起こると、地域そのものがすっかり変わってしまいます。それは恐ろしい体験でした。

２０１１年３月12日の地元の新聞では、地震と津波の被害が大きく報道されました。しかし原発については「原子炉格納容器内の気圧が、設定時の約１・５倍に高まった」「計器の故障の可能性もある」「放射能が漏れる恐れがあった」「水位は、燃料棒より上に３、４メートルの余裕がある」といった報道でした[*注1]。

当時の官房長官は「放射能は炉の外に漏れていない」と繰り返しました。地元では「今回は結果として炉心で十分な水位が保たれ対策を講じる余裕があったもようだ」とまるで危機が去ったかのような報道が、テレビ、ラジオ、新聞を通じて繰り返し流れました。大丈夫だ、事故にはならない、もう危機は去ったのだ、こういうトーンの報道が繰り返されました。もちろん私も、そうあってほしいとは願いましたが、鵜呑みにはできないという思いでした。

案の定、12日には第一原発の1号機が爆発していました。しかもすぐには知らされず、それを地元の私たちが知ったのは、半日もたったあとのことでした。

インターネットで情報を集めていたあるかたの話を後日うかがったところ、12日、NHKが第一原発の映像として、爆発後の静止画像を望遠カメラでは流していましたが、爆発の動画は放映しませんでした。「天井崩落」という表現にとどめ、爆発の事実を隠していました。しかしすでに、BBCではまさに爆発の瞬間の動画を流していたというのです。日本政府の発表や、普通に私たちが見られるメディアの情報では自分の子どもは守れない、と気づいて、その日に避難を決めたとそのかたはいっていました。

翌日、3号機、2号機と爆発が続きました。

それまでは事故にならない、大丈夫だという話題ばかりでしたが、爆発してしまうと今度は、「爆発しても安全だ」という報道がさかんに流されます。

20日の地元紙では、「福島で放射能　高い数値」「福島市の水道水　微量のヨウ素検出」「川俣の原乳、茨城のホウレンソウ　暫定基準超える放射能」などと書かれました。

「(スクリーニングの)基準値超え　43人」、つまり体を除染しなければいけないくらいの被ばくがわかったとあっても、「まったく心配ない」「健康に影響なし」「緊急に対応する必要性は低い」「健康に影響を与える数値ではない」「安全上問題はない」という記事が大量に流されるのです。*注2

とくに、長崎大学から山下俊一教授が福島県のアドバイザーとして来た3月19日以降、いわゆる安全宣伝キャンペーンが大々的に繰り返されました。安全宣伝キャンペーンは、圧倒的な影響力をもって浸透していきました。

覚悟を決める

私のいた福島市も原発から60キロ離れていると、ほとんどの人が放射能の知識などありません。インターネットや一部の報道を通じて、数字だけは少しずつわかってきます。空間線量が数十マイクロシーベルトなどといわれます。でもどう理解していいかわからないのです。

いわゆる脱原発の市民グループに参加していたかたがたは、もちろんよく知っていますので、いちはやく避難されました。私も自分はにわかに仕事をおいていくわけにはいきませんでしたので、同じ障がい者団体で働いていた妻と話し合い、妻が仕事をやめ、事故の2週間後、妻と子どもだけで西日本の親戚の家に疎開させました。

しかし、権威をもった「安全だ」という情報に毎日接すると、大部分のかたはそれを信じて、子どもたちをまた外で遊ばせるようになります。

水道も止まりました。給水車の行列に並ぶ人々をニュースでご覧になったかたも多いと思います。子どももつれて、行列に並びました。放射性のガスが充満している中でした。あとからそのことに気がついて、子どもに対して本当に申し訳ないと、心の傷になっているかたがたくさんいらっしゃいます。

車にガソリンを入れるにも並ばなければなりませんでした。車の中で暖をとっていたくても、ガソリンがもったいないので、エンジンを止めて、ときどき外で伸びをしながら、みんななんとかがんばろうという思いでした。その人たちが、避けられたはずの被ばくをたくさんしてしまったのです。

私は山下俊一教授をどうしても許すことができません。彼は福島の人の被ばくを減らすために来てくれた、と私たちは思っていたわけです。福島の人たちの安全と健康を守るために来てくれたと思っていた。しかし彼を中心に行われたことは、それとはまったく正反対のことでした。被ばくを増やし、避けられたはずの被害を拡大するようなことばかりだったのです。これはどうしても許しがたいと思っています。

私のわずかながらの知識で、家を出入りするとき戸は必ず閉めるとか、毎朝どうしても入ってしまう砂埃をできるだけまめに掃除するとか、水道水は飲まないほうがいいとか、今日の風向きはこうだから極力外出しないようにとか、家族を守ろう、仲間を守ろうと必死でした。

しかしこの安全宣伝キャンペーンが始まって、自分の仲間を守ろうとするだけでは、私たちの大事な次の世代の子どもたち、福島の子どもたちを守れない、とさとりました。もう一度——私はいわゆる脱原発市民団体のメンバーでした。名ばかりでほとんど何もしないメンバーでしたが——自分にできる限りのことをやらなければいけない、矢面に立つようなことになっても、もうあれこれいっていられない。そういう覚悟を決めたきっかけは、この安全宣伝キャンペーンでした。

山下教授はさまざまな物議をかもす発言をして、今ではもう信頼を失っています。私は退任を求める署名集めもしました。たくさんのかたが協力してくださいました。彼を中心に進めている健康管理調査も、大多数の県民が協力をしたがりません。そういう地元の空気にも押され、２０１３年３月ついに彼は福島から去り、長崎に戻ることになりました。

予定通りの始業式

その後、まず学校の放射線測定をやりました。

３月11日は金曜日でした。翌日から土日で学校は休みになり、続いて地震による校舎の損壊という理由で、学校の卒業式は中止になりました。私が見る限りは校舎が使えないほどの損壊ではないところも含めて、全面的に中止になり、前倒しで春休みに入りました。

3月の末に近づきますと、今度は新学期の話題になります。始業式は行われるのだろうか。私は3月末には子どもを疎開させることを決めていました。私の家族のように半年、1年と長期の予定で避難した人もいましたけれども、当時避難していた人の多くは、一時退避でした。とにかくどうなるかわからない、報道からも十分に理解できない、わからないから大事をとって遠くに離れていたのです。その間に、さまざまな報道によって、とても今すぐ福島に戻れるような状況ではないということが明らかになってきていました。

このまま新学期を始めて大丈夫なのか。私も市の教育委員会に電話をして聞きました。3月26日の話です。福島市の始業式の予定は4月6日でした。

始業式は未定だ、というのが教育委員会のかたの返事でした。では今何をしているのかというと、校舎の損壊調査と避難児童の希望調査をしているというのです。

原発20キロ圏はすでに避難指示が出ていました。20キロ圏から私のいた福島市へも、たくさんの人が避難してきていました。その、福島に避難してきている子どもの就学希望調査を一生懸命やっている、4月6日に予定通り始業式となれば、滞りなくできるように準備をしている、という返事でした。これは始業式を予定通りやるつもりなんじゃないか、という予感がしました。

なんとかそれだけは止めたい。なぜなら、先ほどいったように一時避難をしているたくさんの子どもたちがいるんです。私の兄弟たちも子どもを連れて県外に避難していました。でも学校が始まるとなったら、帰ってこなければならない。そんな心境だったんです。子どもの命は大事、健康は大事。しかし学校が始まる、みんなが帰るとなれば、それには逆らえない。多くの人がそういう思いだったのです。

学校が危険地帯に

そこでまず、学校の測定をしてみよう、放射能汚染の度合いを調べようということになりました（表1）。わずか数人の仲間たちで測定しました。3月29、30日のことです。

このときはサンプリング調査ということで学校の名前は公表しませんでしたが、表のAは私の子どもが通っていた福島市立渡利小学校です。渡利は後々、汚染の激しい地区として取り沙汰されるところですが、毎時二十数マイクロシーベルトという数字が出ています。いちばん高いところは側溝です。雨水が集まってくるところです。１０８・８マイクロシーベルトとあります。当時はマイクロシーベルトといわれてもよくわかりませんでしたので、ｃｐｍという、1分間あたりの放射線の計数率を示す単位に換算しました。

避難所では、放射性物質が中へもち込まれて、別のかたがまた被ばくすることを防ぐために、スクリーニングをし、一定基準以上は衣服の除染や診察が行われていました。スクリーニングとは、そのかたが被ばくしていないか、あるいは衣服や靴に放射性物質をつけていないかを測定することです。事故後３月14日に、このスクリーニングの除染基準がにわかに引き上げられ、６０００ｃｐｍから１万３０００ｃｐｍとなっていました。事故前の基準の倍以上の被ばくを許容させられたわけです。しかし、それでもこれ以上の場合は避難所に入れません。

先ほどの１０８・８マイクロシーベルトはｃｐｍに換算するとちょうど１万３０００です。つまり、この学校の側溝に足を踏み入れた子どもが、その靴を洗わずに避難所に入ろうとすると、入れてもらえない。原発から60キロ離れた福島市でも、それほどの汚染がそこにある、という可能性がわかったのです。

ほかの学校でも数字こそ違え、非常に高い数字が出ています。事故が起こる前の福島の空間線量は、０・０３から０・０６マイクロシーベルトという数字です

測定ポイント		測定値 (μSv/hr)	仮換算値 (cpm)
市町村	調査校		
福島市	A	108.8	13,056
		25.60	3,072
		26.11	3,133
		4.463	536
		21.79	2,615
	B	8.918	1,070
		9.602	1,152
	C	25.49	3,059
		19.94	2,393
		33.13	3,976
		9.772	1,173
川俣町	D	12.28	1,474
	E	20.50	2,460
		67.05	8,046
	F	20.19	2,423
		15.05	1,806
	G	13.31	1,597

1. cpm ⇔ μSv/h 換算は容易ではないが、以下の基準値との比較のため、1μSv/h＝120 cpmで仮換算した数値を右に示す。

2. 現在の福島県におけるスクリーニングの基準は以下の通り。（2011年3月14日引き上げ）

部分除染＝13,000～100,000cpm
全身除染＝100,000cpm以上

表１　福島県の学校における放射能測定結果

から、数百倍、場所によっては1000倍という数字です。こういうとんでもない汚染が、少なくとも七つの学校のサンプリング調査でわかりました。

私たちはこれをレポートにまとめまして、福島県の教育委員会へ行きました。そして、全部の学校の調査を求めました。なぜ県教委かというと、市町村には放射線の専門家などいないのです。測定値をいくら見ても、適切な判断を下せる人がいないのです。ですから県にお願いしました。各市町村が、よくわからないまま新学期を開始して、子どもたちが不要な被ばくをするのを避けるために、県が各市町村を指導してほしい、場合によっては始業式の延期というしっかりした決断をしてほしい、という申し入れをしました。

県には、広島大学から神谷研二教授という教育担当のアドバイザーも3月31日に就任していました。アドバイザーの影響もあったのかもしれません。残念ながら県は、始業式を予定通り行いました。というよりは、市町村の判断に任せるというかたちで、何も手を打ちませんでした。郡山市を除くほとんどの市町村で、予定通り4月6日に始業式が行われてしまいました。

先ほどいった一時避難していた人たちも、このときにいっせいに戻らざるをえなくなりました。それは、つまりは、子どもたちが、避けられる被ばくをさらに重ねてしまった、ということでした。

変わってしまった世界

とにかく、あっという間に、世界が変わってしまいました。

毎年5月のゴールデンウイークに、福島市内の公園で恒例のバザーを開催していたある障がい者団体がありました。私が仕事をしていた障がい者団体とつながりのあるかたがたでしたが、代表は放射能のことにあまり詳しくないかたでした。

今年は市内の公園の芝生の上で、人を集める催しができる状態ではないから、誰かちょっと説明したほうがいいのではないか、と心配していたら、例年通り開催します、という通知が来ました。「市に公園を借りに行ったら『ぜひやってくれ』といわれた」というのです。事故があってまだ、1カ月半ですよ。「復興のシンボルになるからやってくれ」といわれた、と。もちろん仲間たちの説得で思いとどまってくれました。

それから1カ月もしないうちに、その公園の芝生は全部はがされ除染が始まりました。もういったいどうなってしまったんだ、という思いでした。

それまでいわゆる反核、反原発の立場で活動されてきた医師も、少数ですが福島にもおられました。そういうかたまで、国が何の判断もしないうちから「今回の事故で健康被害はない」という立場をとりました。あるいは放射能についてはいっさい発言せず、沈黙しました。山下俊一教授はその後、福島県立医大の副学長に就きましたが、それ以降、医師は本当に沈黙してしまいました。

教育機関でも同じことが起こりました。3月16日は、県立高校の合格発表の日でした。学校の屋外に大きな掲示板ができ、合格者の受験番号がはり出されます。受験生、保護者も一緒にそれを見に行くんですね。屋外です。それが例年のことなんですが、この年の16日は、放射能の雨と雪が降っているさなかでした。

私と同じく札幌に移住してきたある高校の先生は、この入試の発表だけは、どうしても耐えがたい、と学校につよく抗議しましたが、「県からの決定事項なので実施する」ということで合格発表は実施されました。受験生にも、合格発表時に部活動の勧誘をしに来た高校生にも、保護者にも、何の警告も行われませんでした。その後、新学期が始まってからも生徒たちに放射性物質からの防護を呼びかけたその教員は、どんどん孤立し、福島県から「不安をあおるな」と「指導」され、追いつめられるように退職しました。

もちろん、ほかのすべての教師が無理解で、非情だったわけではありません。しかし学校もなぜか、今まで以上にあからさまに上の顔色をみて、上からの指示で動いてしまう、そんなふうに変わってしまったのです。

まるで、ここ福島は国の直轄地になってしまった、自分たちが主体的に判断することができない社会になってしまった、そんな印象をもつほど、地域はあっという間に変わりました。

4校中3校が管理区域

始業式の延期はかないませんでした。しかしもう一つ求めていた放射線の全校調査は実現しました。もともと計画があったのかもしれませんが、4月の5、6、7日、まさに始業式が始まるのと前後して、福島県内１６００を超える小中学校、幼稚園保育園も含めた教育機関の調査が行われました。測定結果は即日県庁ホームページにアップされました。

ところが、その貴重な調査結果を県は公表しただけで、ほかに何もしないのです。説明がまったくなく、県から何のメッセージもありません。今でも県のホームページで見られますが、何マイクロシーベルト毎時という数字が並んだ資料が見られるだけで、何の解説もありませんでした。

図1　放射線管理区域標識

そこで、数人の仲間たちで独自に評価をして、福島県の放射線モニタリングの調査集計として公表しました（表2）。0・6未満、0・6から2・2、2・3以上（単位はマイクロシーベルト毎時）の三つに分類しています。0・6マイクロシーベルト毎時は汚染管理区域といいまして、図1の標識の中と同じ状態です。この標識の実物をご覧になったかたはあまりいないと思います。

方部	空間線量率（μSv/h）	校数	割合
県北	0.6未満	4	1.0%
	0.6-2.2	166	42.5%
	2.3以上	221	56.5%
県中	0.6未満	158	34.6%
	0.6-2.2	207	45.4%
	2.3以上	91	20.0%
県南	0.6未満	56	42.4%
	0.6-2.2	75	56.8%
	2.3以上	1	0.8%
会津	0.6未満	59	23.4%
	0.6-2.2	193	76.6%
	2.3以上	0	0.0%
南会津	0.6未満	37	100.0%
	0.6-2.2	0	0.0%
	2.3以上	0	0.0%
相双（避難地区を除く）	0.6未満	4	3.8%
	0.6-2.2	80	76.2%
	2.3以上	21	20.0%
いわき	0.6未満	77	29.2%
	0.6-2.2	187	70.8%
	2.3以上	0	0.0%
県計	0.6未満	395	24.1%
	0.6-2.2	908	55.5%
	2.3以上	334	20.4%

※「同モニタリング結果」では「1m高さ」と「1cm高さ」の測定値があるが、他の資料との整合性から「1m高さ」で集計

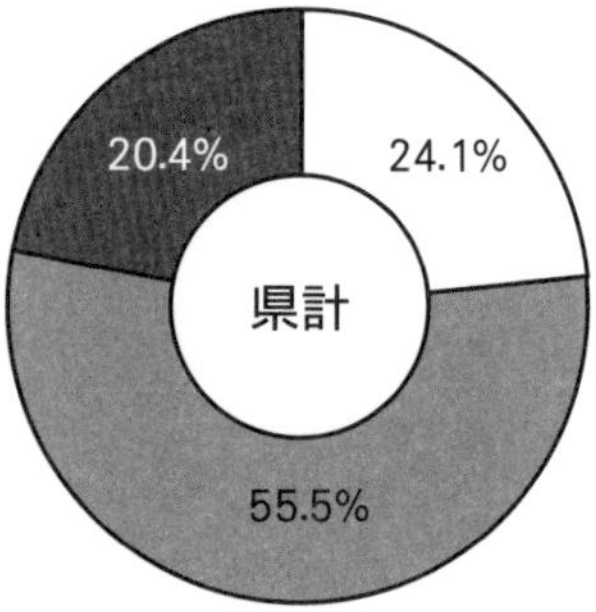

空間線量率（μSv/h）

- 0.6未満　「管理区域」基準以下の放射線が観測された学校　＊1
- 0.6-2.2　「管理区域」に当たる放射線が観測された学校
- 2.3以上　同区域で「個別被ばく管理」が必要となり得る放射線が観測された学校　＊2

＊1「管理区域」
人が放射線の不必要な被ばくを防ぐため、放射線量が一定以上ある場所を明確に区域し、人の不必要な立ち入りを防止するために設けられる区域

＊2「個別被ばく管理」
管理区域内において、放射線業務従事者が被ばく量の許容値を超えないようにするため、区域内で受ける外部被ばく線量及び内部被ばく線量を、ひとりひとり個別に測り管理すること

方部別集計の円グラフ

○ 集計結果の分析

1. 調査対象の小中学校等の**75.9%**で、「管理区域」基準を超える放射線が観測されている。
2. 全体の**20.4%**の学校等では、「個別被ばく管理」が必要となりうる放射線が観測されている。
3. 方部別に見ると、**県北・相双**で高い放射線量率が観測された割合が高く、**96〜99%**の学校で「管理区域」基準を超え、特に**県北**では調査対象校等の**56.5%**で「個別被ばく管理」が必要となりうる水準にある。
4. **県中・県南・会津・いわき**では**58〜77%**が「管理区域」基準を超えている。中でも**県中**では**20%**の学校が「個別被ばく管理」を必要としうる放射線量率が観測されている。
5. **南会津**では調査されたすべての学校等において、「管理区域」基準を超えたものは**0校**であった。

表2　福島県放射線モニタリング小・中学校等実施結果集計

みなさんがよく目にする、病院のレントゲン室にある逆三角形の黄色い標識も、管理区域の標識の一つです。法令上、3カ月間で1・3ミリシーベルト以上の被ばくをしかねない場所は放射線管理区域として、一般の出入りを制限すると決まっています。[*注3] レントゲン室は、室外がその基準をクリアできるように、壁を作ったりドアを特殊なものにして、仕切られているのです。けれどもレントゲン室に入って、壁をさわってはいけません、さわったら必ず洗って確認してから出ましょう、とはいわれません。なぜかというと、レントゲン室は放射線を発生させる装置を使用する際に放射線が出されるだけだからです。

しかし原発にある図1の標識は、汚染管理区域といって、放射線を出す放射性物質等をむき出しのまま使用するような場所で使われるのです。まさに福島市をはじめ、中通り一帯も同様に、そこここに放射性物質があり、それらが放射線を出している状態なのです。

学校全体の76パーセントですよ。4校中3校が、この放射線管理区域状態にあることがわかったのです。ここに約30万人の子どもたちが通っていたんです。

2・3以上の学校もありました。これはどういうことかというと、0・6の約3・8倍、年間換算で20ミリシーベルト以上、5年間で換算すると100ミリシーベルト以上の被ばく量です。

先ほど、図1の標識は原発などにあるといいました。この中で働くかたのことを放射線業務従事者、俗に被ばく労働者といいます。法令で定められている彼らの被ばく限度が、5

年間で100ミリシーベルトです。原発の中で働くかたたち——もちろん大人です——、彼ら以上の被ばくを子どもたちがしかねないという2・3以上の学校が、全体の2割もありました。

打ちくだかれた期待

年間20ミリなどという被ばくを子どもたちに強要するとはとんでもないことである、と、私たちはこの資料を作って県に要請をしました。0・6マイクロシーベルト毎時、管理区域以上の学校は、授業をまず中止してほしい、ここに子どもを集めるのはやめてほしい、とお願いしました。

当時はまだ放射性物質の中でもヨウ素が多かった。ヨウ素は半減期が短いので、場合によってはしばらく待てば、0・6を下回るところもあるでしょう。だからまずは中止して、放射線量が一定以下になるか様子をみてほしい。ただ待っていてももう当面、学校を再開できないような高い線量の学校は疎開をして、別な場所で子どもたちの教育をしてほしい。その間に、学校をはじめ、除染をしてほしい。そしてきれいになったら、子どもたちを戻して、授業を再開してほしい、と。こういう進言書を作り、福島県と、県内すべての市町村に対して進言をいたしました。

残念ながら、これは聞き入れられることがありませんでした。その大きな理由には、ちょうどこの進言を記者会見したその日、4月19日に、文部科学省が「子ども20ミリシーベルト通知」というのを出してしまったのです。それまでの被ばく限度年間1ミリシーベルトの基準を引き上げ、子どもたちが年20ミリシーベルトまで被ばくしてもかまわない。年20ミリを上回っている学校については、屋外の授業時間を制限する。それだけでいい、と。

これは私たち親にとってどういう意味をもっていたかというと、すでに避難指示を出している区域以外の子どもはもう一歩も県外へ出さなくていい、新たに避難する必要はない、除染も必要はない、国は子どもを守るために新たに何もやる気がない、と宣言されたに等しいことでした。

じつは、私の中にも淡い期待がありました。原発が爆発してたいへんなことになった。早く手を打たなければいけないのに、いつまで無策を続けるのか、なぜ何もしないんだ、と声をあげながらも、このままのはずがない、必ず国は子どもたちを守るために、十分ではないかもしれないけれど手を打ってくれるはずだ、なにがしかの手は打ってくれるはずだ、という期待がありました。

子ども20ミリシーベルト通知は、その期待を打ちくだくものでした。国はいっさい何もやりません、避難をしたいというあなたたちを受け入れる場所はありません、せめて学校をきれいにしたいと願っても、そんなことに国はお金を出せない、こういわれた思いでした。

立ち上がった親たち

私たちの資料は、首都圏の脱原発グループ「福島老朽原発を考える会」のホームページに載せていただくことができました。私たちは本当に少人数で活動していたので、独自にインターネットでの発信などはまだできませんでした。

するとその日のうちから、福島県内の親たちからそのブログに、猛烈な書き込みが始まりました。安全宣伝キャンペーンはかなりの影響力をもっていて、放射能を話題にするのをはばかるような空気が作られていました。一見、放射能のことは誰も気にしていない、安全だとみんなが信じているような地域の雰囲気でした。

ところが、そのブログへの書き込みは、地域の中で、自分の本当の気持ちを誰にも話せないながら、内心では心配している親たちからのコメントでした。「自分も心配なんだ、このままでいいのだろうか」「子どもに不安な気持ちをさとられてはいけないと、毎日笑顔で子どもを学校に送り出すが、そのあと毎日毎日自分を責め続けて1日を過ごしている」。そういったたくさんの書き込みがありました。

子ども20ミリシーベルト通知が出て、いわば普通の親たちが、このままでは子どもを守れないと気がついたのです。自分自身で動き始めたのです。今日、校長先生に会って、せめて屋外活動は制限してほしいとお願いしてきた。給食だけは、申し訳ないが子どもには食べさせられないと直談判してきた。あるいは学校の除染をやってくれ、といってきた、と。独自に始業式を延期した郡山市は、国からの財政支援がなくても、独自予算でも学校校庭の除染をやる、と発表しました。それを聞いて自分たちの町でもぜひやってくれ、と教育委員会へいってきた。そうした書き込みがたくさん寄せられました。

親が行動し始めたのです。立ち上がり始めたのです。そのブログを通して、集まりましょう、つながり合いましょう、と呼びかけて、「子どもたちを放射能から守る福島ネットワーク（子ども福島ネット）」ができました。

不安や本音をいえる場所

放射能は、地域を分断していきます。安全という立場をとるかた、あるいはとりたいと思うかた。心配だ、危険だという思いのかた、そういうかたがたのあいだに、溝がどんどんできていきます。私たちも3月から4月にかけては、測定をしただけで怒られました。余計なことをするんじゃない、風評被害を招くようなことをするな、と。私の家の前で測るな、ともいわれました。

そうしてみんなが口を閉ざしていく中でも、この「子ども福島ネット」は安心して、ひとりひとりが本音をいえる場にしたい、そういう思いがありました。自分たちの中にもある温度差を認め合おうじゃないか、と。

放射能を心配するかたの中にも、認識には差があります。今すぐ避難が必要だ、という厳しい見方もあります。いや避難の必要性までは自分は思わない、除染は誰にとってもいいことではないか、除染をメインにして活動していこう、というかたもありました。今回の事故が起こるまで何にも自分は知らなかった。まず学ぶことが先だ、学習活動から始めよう、という意見のかたもいらっしゃいました。

私はぜんぶやりましょう、といいました。今は、どれが正しいかどれがいちばんか、何を優先すべきかなどと議論している時間はないんだ。今すぐ、これをやるべきだと思った人は、自分で手をあげて、私が世話人をやります、と名乗り出てください。講演会を開く、学習会をやりたいという同じ考えの仲間をつのってください。避難すべきだ、保養の企画をやろうというかたも、そうして手をあげてください、と。

そして避難・保養のグループ、学習会をする知識普及のグループ、除染と測定のグループができました。それから今ここにいながらも、子どもたちを守れるような取り組みをやりたい。たとえば内部被ばくを避けるための食事について勉強したりマスクの配布をする防護グループもできて、四つのグループがお互いの立場を認め合いながら活動を始めました。

しかしそのなかでも、みんなが共通して取り組んだのは、先ほどの20ミリシーベルト通知の撤回要求でした。これだけは何としても撤回させたい。国が20ミリは安全といってしまった以上、自治体は動きたくても動きようがないのです。これを撤回させないことには、子どもを守ることはできない。これはみんな共通の思いとして取り組みました。

そして何度かの交渉を重ねた後、５月23日、福島から親子約70名が文科省へ行きました。全国から応援してくださる仲間が数百人も駆けつけてくれました。国会議員も与野党問わず、４、５人のかたが駆けつけてくださって、一緒になって交渉してくださいました。

私たちは大臣・政務三役と会って話がしたい、といいました。対応した文科省の技官は、この場で政治決断はできないので持ち帰る、ということでした。自分がこれから実際に政務三役に会って、みなさまの声を伝える、見直しが必要だと進言する、といわれました。

こういう玉虫色の回答には、本当に私たちはがっかりすることが多くて、このときも失望感のほうがむしろ強かったのです。テレビなど大きなメディアは、この福島で起こっている子どもの被ばく問題を、ほとんど取り上げませんでした。福島は今こんなに、心を痛めている、苦しんでいるのに、ほとんど取り上げてくれないという失望感がありました。

交渉の後、福島へ帰る貸切バスの中で、ちょうど福島に着くころ、報道ステーションのトップニュースで20ミリシーベルト交渉が流れました。ほかの局でも取り上げられました。地元の新聞社も、テレビで大きく取り上げられたことで、あわてて取材に来て報道しました。

これだけ多くの親が、子どもの被ばくを心配している事実が、やっと、表舞台に乗ったときでした。

避難の壁、サテライト疎開

そういう後押しもあって、子ども20ミリシーベルト通知は、この4日後に実質的には撤回、正確にいえば棚上げされました。

20ミリ通知を撤回はしないものの、学校内における被ばくは限りなく低く抑えられるように、もともとの基準である年間1ミリをめざす、という新たな通知が出ました。そして一部の学校の除染を国がお金を出して行う、と当時の高木文科大臣が記者会見で発表しました。こうしてようやく国が、子どもたちの被ばく軽減に、わずかながらも動き始めました。

では問題は解決したのでしょうか。たしかにそのあと、子どもたちは配布されたガラスバッジをつけて登校したり、非常に高い放射線が測定された学校の除染が行われたり、対策は一部とられました。しかし、どうしても実現しないのが、避難政策の拡大、集団疎開の実施なのです。

これほどまでに汚染が深刻になってしまった以上、子どもたちを放射能から守るためには、避難区域の拡大と新たな疎開政策の実施はどうしても必要です。しかし、日本政府と地元自治体は頑として行おうとしませんでした。

学校の基準を決めているのは文部科学省ですが、避難の基準は経済産業省が決めています。文科省は新たな通知で年間1ミリを目指すとしましたが、それはあくまで「学校内における」被ばく量です。学校外は自分たちはかかわらないと「引きこもって」しまったのです。

そして経産省は経済のことばかり優先させ、子どもたちのことなど見向きもしません。

私たちが確認を求めた「年1ミリ以上被ばくせずに暮らす権利は、他の国民と等しく福島県民にも認められているはず」という問いに、経産省から出向してきた国の現地災害対策本部の人は、堂々と「わからない」と答えるのです。地元自治体も、経済縮小を懸念して避難には消極的、というより及び腰の態度でした。

そこで私たちは、2011年6月に「選択的避難区域の設定」と「サテライト疎開の実施」の提唱を始めました。選択的避難区域は、後に原発事故子ども・被災者支援法の条文にも影響を与えることになりました。子ども・被災者支援法については、後ほどお話しします。

サテライト疎開とは、選択的避難政策の一つとして、希望者のみを対象とする疎開です。強制ではないので、希望しない人は地元に残ることができます。希望者がコミュニティーごと疎開できるように、受け入れ先自治体の協力を得て必要な施設などの提供を受け、核となる施設を中心に疎開者コミュニティーを形成して、故郷の除染が進み帰れるようになるまで、疎開地で福島人として暮らす疎開です。住民票は福島のまま、基本的な行政サービスも福島の市町村から受け、地方税も地元自治体に納めます。「避難しても『そこにある福島』」、それがサテライト疎開です。

対策がもっとも急がれるのは子どもたちですので、子どもとその家族、教師を対象に、学校を核としたサテライト疎開を行うことを提唱したのです。

たとえば、北海道に「福島県立札幌小学校」「福島市立旭川小学校」を作り、学校を核に住宅支援や経済支援、コミュニティー支援を組み立てていきます。地元に残ることを希望する親子も当然多数いるでしょうから、地元の学校は本校として残ります。ですから疎開地の学校はサテライト校です。福島のサテライト校が全国にできるわけです。これは国と自治体がやる気にさえなればすぐにもできます。実際に広島県などは、学校丸ごとの受け入れを表明していました。

事故から2年が経過した現在、移動教室など極めて小規模の企画はあっても、サテライト疎開は実現していません。しかし、子どもたちを放射能から守る避難政策として、最も現実的で効果的な方法だと、今も私は考えています。

自主避難の呼びかけ

もうひとつ、6月から開始した活動に「自主避難の呼びかけ」があります。

それまでも私たちは、避難の相談活動を続けていました。避難するという判断も決して間違っていない、本当にたいへんな決断だろうけれども、自分でそうした判断にいたったのなら、自信をもって避難されるといいですよ、と個別には伝えていましたが、いわゆる自主避難を呼びかけることは、控えていました。

しかし、この子ども20ミリシーベルト交渉の結果を受けて私たちは、自主避難――自主避難という言葉は適切ではないのですが――の呼びかけを始めました。またそれに呼応するように、20ミリシーベルト交渉を応援してくれたたくさんのかたがたが、支援団体を作り、全国で立ち上がりました。札幌では今私がメンバーに入れていただいている「東日本大震災市民支援ネットワーク・札幌　むすびば」という支援団体が、避難者の受け入れ支援、夏休みの子どもたちの一時避難、サマーキャンプをいちはやく企画しました。

ひとつひとつは小さな団体ですけれども、全国でたくさんの保養・避難支援の活動が始まったこともあって、６月以降、たくさんのかたたちが自主避難をしました。一時避難の人も入れると、２０１１年の夏休みには6万人から8万人と報道されています。捕捉しきれないケースもあったはずですから、実際は、それ以上あったかもしれません。そして避難するという意味で転居されたかたも、夏休みには2万人以上いたようです。国や自治体は自主避難者数を把握しようとしませんので正確にはわからないのですけれども、受入自治体が把握している避難者数や福島県からの転出者数などを検討すると数万人になると思われます[*注4]。

２０１１年の夏始まった疎開・避難は、おもに母子疎開でした。北海道にも約３０００人のかたが避難していますが[*注5]、半数以上が母子疎開と推察されます。お母さんと子どもたちだけで、避難しているかたが多いです。私の家族も1年間、西日本で母子疎開をしました。父親は福島に残って仕事をして、仕送りをする。そんな中、どうしても新しい土地になじめずに孤立したり、ひとりきりの子育てで母親が精神的にまいってしまう、といったさまざまな困難があります。そういう問題を今も抱えながら、避難を継続しているかたたちがたくさんいるのです。

自主避難者が増加したことは、思わぬ成果といいますか、効果を生みました。市町村が除染と測定を積極的に行い始めたのです。自主避難者の増加は、自治体にしてみれば住民流出なんですね。もちろん自治体のかたも住民と子どもは守りたい。しかし、住民が出ていってしまうのは、やはり避けたいのです。

市町村がにわかに除染、除染といい始めました。国に対して除染の費用を求める、あるいは予算がつかないうちから独自に除染を始める。もちろん学校以外もです。子どもたちは学校で寝泊まりして暮らしているわけではありません。通学路にも放射性物質はありますし、地域全体の除染が必要なのです。

放射能汚染調査も、自治体が自主的に取り組み始めたのが6月以降でした。そうして、私の住んでいた福島市の渡利地区が、中通りの中でも、とんでもない汚染地だということも徐々にわかってきました。

事故は続いている

私がなぜ被災者支援をお願いするのかご理解をしていただくために、ここで現状を少しだけお話しします。

２０１１年12月、この国の政府はこともあろうに事故収束宣言というものを出しました。原発の中には温度計がたくさんあります。第一原発では大部分はもう壊れていますが、残っている、まだ生きている温度計が80度以下になった。だから事故は終わった、収束した、という宣言を出しました。福島の中でこれを信じている人は誰もいません。数々の問題がある今の福島県知事でさえ、事故収束宣言には不快感を示し、県民はとうてい受け入れられないといいました。*注6

それは当然です。今も毎日放射性物質が出ているわけですから。毎日、２億３億ベクレルという、億単位の放射能が出ているのです。もしも今全国にある原発の一つで、毎日１億ベクレルの放射能が出ていたら、事故と呼ばないでしょうか。周辺の住民はただちに避難ですよ。そういう状態が今も続いているわけです。しかもこれは大気中に出ているだけです。海にどれだけ流れているかは、まったくわかりません。もっと大きな単位の放射性物質が海に流れ出ていても、私は不思議ではないと思っています。ですからとてもではありませんが、事故が終わったと認めるわけにはまいりません。

新たな事故の危険性も指摘されています。福島第一原発の４号機は地震と爆発によって今も傾いています。建物が倒壊するのではないかといわれています。

４号機は、地震のときは運転を停止していました。原子炉の中はからっぽの状態でした。では倒壊しても大丈夫か、というと、そうではありません。原子炉の上の階に、燃料プールがありまして、使用済みの燃料が大量にあるのです。４号機は水素爆発で骨組みだけになり、燃料プールは雨ざらしになっています。この建物が倒壊すると、応急措置で作った冷却のためのポンプもすべて台無しになります。最悪の場合、使用済み燃料が空気中で燃え出す大惨事になります。今回起こってしまった事故以上の、それとは比べものにならない量の放射性物質が新たに環境中に出ていく、こういう事故の危険性も指摘されています。

また地元では、水が漏れたというニュースが頻繁に報道されます。原子炉や使用済み燃料を冷却する装置の配管が一生懸命作られていますが、現場はたいへんな放射線です。ひとりが作業できる時間は非常に限られているなかで、引き継ぎをしながら人海戦術で１本のパイプをつないで、冷却回路の一つがやっと完成します。まともな作業ができませんので、水漏れの事故があたりまえのように繰り返されます。昨年の冬は凍結による水漏れ事故もありました。パイプを通っているのは汚染水です。「水漏れ」と報道されますが、これは放射能が漏れたということです。

被ばくの事実

放射能のガスを吸い込む初期被ばくについては、福島と比べても、必ずしも少ないとはいえない被ばくが関東地方で発生しています。２０１３年１月、ＮＨＫで初期被ばくの特集がようやく放映されました。*注７ 私たちも事故の年の５月ごろ、鼻血を出したり下痢が止まらないという子どもたちの体調異変を数多く聞きました。

私の子どもも５月に鼻血を出しました。二人兄弟の上の子はもともと弱くて、よく鼻血を出していたので、上の子が鼻血を出したときはあまり気にもしませんでしたが、その翌日に下の子も鼻血を出して、妻がびっくりして私に電話をよこしました。

寄せられた報告をみると関東の子どもたちがとても多いのです。なんでこんなに関東方面が、と初めから不思議でした。もちろん人口が多いこともあるのでしょうけれども、初期被ばくが影響した可能性について、ようやく調査が明るみになってきています。

もう一つお話したいのは、放射能汚染地域についてです。このお話をするときは、たいへん心が痛いです。これだけ小さな島国で、原発がひとたび事故を起こせば、本当の意味で無傷の場所というのはありません。そして、放射能汚染は人の手によって解決することが、本質的にはできないものです。みなさんがたもおそらくご存じのはずです。

除染が悪いとはいいません。効果が上がる除染であれば、おおいにやってほしいと思います。私たちの故郷はもうだめなんだ、諦めるしかないんだ、そんな言葉は受け入れられません。だから、もう一度住めるようになるため、一日も早く故郷の汚染を減らすための除染なら大歓迎ですが、今行われている除染は、残念ながらそういう効果を発揮していません。たとえば、側溝の泥をすくい集めて除染すると一時的に放射線値は低下しますが、まとまった雨が降るとまた元に戻ってしまいます。屋根や壁を高圧洗浄機で洗い流すことも同じです。さらに悪いことに、この方法は周辺に放射能をまき散らしてしまい、除染になっていません。

先ほど避難を食い止めるための除染という話をしました。除染のもう一つの側面は、地元産業のため、特需としての除染なのです。私は北海道に移住して、一時仕事を探していました。求人誌を見て驚きました。除染作業員の募集が北海道でも出ていました。私のいた福島市の渡利地区のような汚染の激しい場所、ましてや避難区域に作業で入ることは、すなわち被ばくするということです。広島長崎でいえば入市被ばくをするということです。*注8

原発作業員は、放射能レベルに合わせた作業着を着用します。少なくとも防護服を着て入ります。さらに全面マスクをしたり、いちばん危険な場所にはエアラインマスクで入ります。しかしおかしなことに、住んでいる場所のほうが、原発の中より高い放射能レベルにある状況が、あたりまえのように存在しています。

今回、幸いなことに大事故を免れた福島第二原発で働く作業員のあるかたは、原発の中で働いているほうが被ばく量が少ない、家に帰って生活するほうが被ばくする、というのです。ブラックユーモアみたいですが、本当のことなのです。そういう意味で、私はいずれ、福島に入った作業員のかたの被ばく問題が出てくるのではないか、と心配しています。

食卓の汚染

地上や海を汚染した放射能が食卓に、人間の生活環境に近づいてきています。福島だけでなく今でも汚染の激しい場所は、食品の汚染もただならぬ状態です。

私の住んでいた福島市の近所のスーパーへ行きますと、一つのファイルが置いてありますサンプリングですけれども、放射能測定結果のファイルです。自分の店で売っている商品を測定して、数値を公表しています。放射能測定器の写真パネルもはってあり、うちのお店はがんばって測っていますよ、ということをアピールしています。そのファイルには、あたりまえのように数十ベクレルという数字が出ています。そもそも測定できるのは、セシウムだけです。セシウム以外の放射性物質は、いくら入っていても測れません。そのセシウムでさえ検出される食べものを、食べているのです。

井戸水からは、いまだにセシウムが数ベクレル出ることがあります。今まで私が聞いたなかでいちばん高かったのは、1リットルあたり二十数ベクレルでした。そのご家庭では飲んでいないとお聞きしたのでよかったのですが、水からも検出されています。

福島市の小学校では2013年1月から、給食に福島市内産のお米を使うのだそうです。*注9 放射性物質が入っているお米を子どもたちに食べさせるのです。そして福島県は2013年度から、学校給食に県内産食材を使っている市町村に新たな補助金を出すことを決めました。

こう考えますと、汚染はむしろ、私たちの身に迫ってきている、汚染は深刻化している。そういう事実を、私たちはどうしても知らなければならないと思います。

この国と地元自治体は、本気で子どもたちを放射能から守ろうとしているとは、とても思えないことを繰り返しています。文科省は汚染マップを2011年7月からようやく公表するようになりましたが、こんなことは本当は、もっと前にわかっていたはずなのです。おおむねの話でいいますと、このA、B、Cが避難区域でした。Eは、チェルノブイリでは、避難の権利が与えられていたり、一定の医療支援が受けられるくらいの汚染レベルです。福島の場合、おおむね80キロ圏内が深刻な汚染であることがわかります（図2）。

みなさん思い出してください。事故が起こって1週間後、2011年3月17日、アメリカはじめ各国政府が日本にいる自国民に避難勧告を出しました。アメリカは何キロ圏内でしたか。80キロ圏内です。あのとき日本政府は、基準が違うのだとか、自国民を心配する心情は理解できる、などとコメントしていました。彼らがやるべきだったのは、ここに住んでいる人間、日本の国民を守ることが本当の使命だったはずです。

今行われているのは、国による棄民政策です。もう国は、私たち福島人を本気で救う気はないのだ、このまま黙っていたら何にもなかったことにされてしまう、そういう危機感を私はもっています。

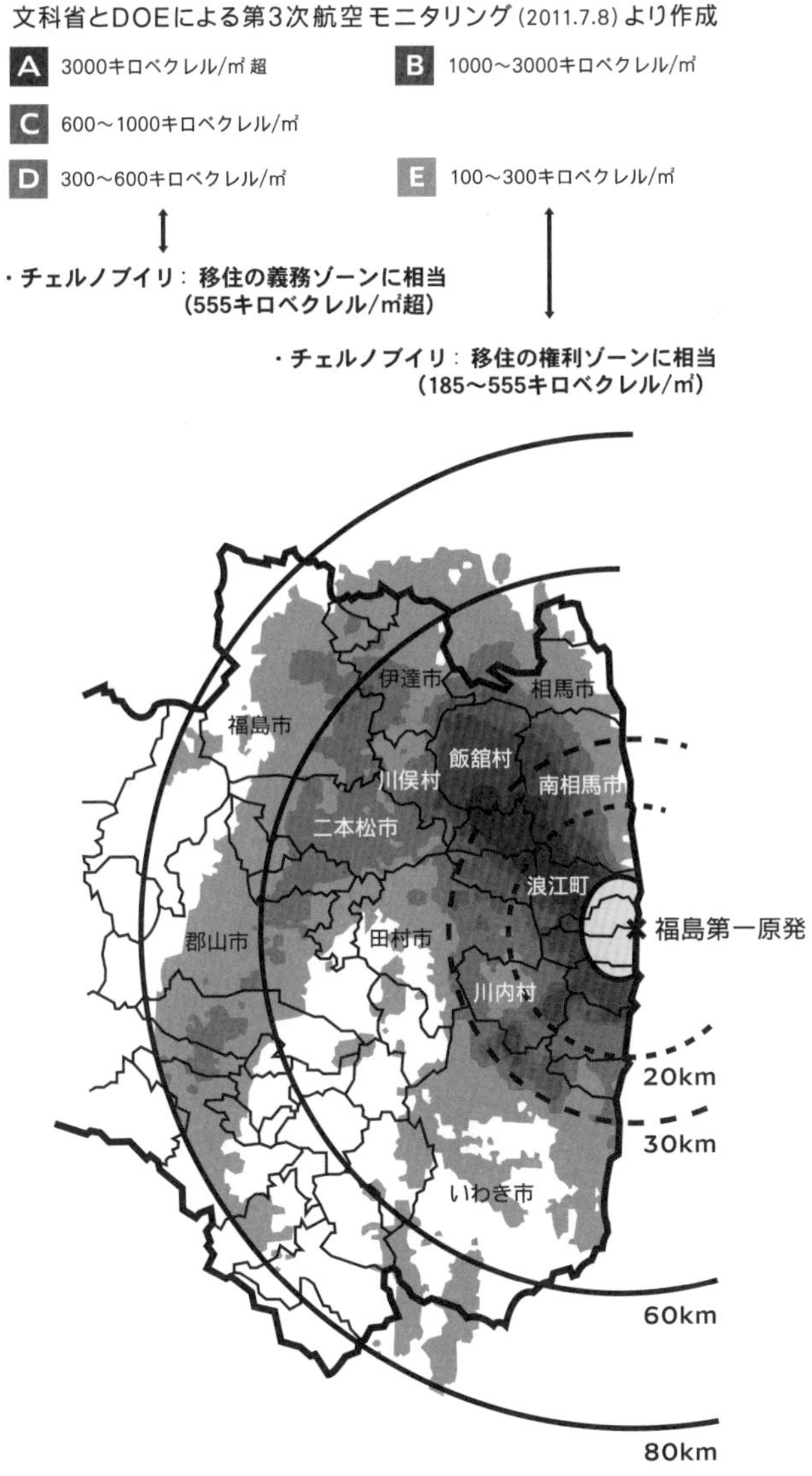

文科省とDOEによる第3次航空モニタリング(2011.7.8)より作成

図2　セシウム134+137による土壌汚染

＊「福島原発がもたらした深刻な土壌汚染」(美浜の会)をもとに作成

なぜプールがこわいのか

いちばん心配なのは健康への影響です。とくに子どもをもつ親にとっては、健康への影響がいちばんの心配事です。

今汚染地のかたたちが、どういう環境で生きているのか。大地に大量に降り積もった放射能が放射線を出し外部被ばくします。舞い上がる塵埃を鼻から、口から吸いこんで、内部被ばくをします。また放射能を含んだ食品を取り込むことによって、内部被ばくをします。皮膚からも吸収しますが、案外知られていないのが傷口からの被ばくです。

今ではほとんど解禁になってしまいましたが、昨年まで、多くの学校はプール利用を避けていました。保養に来た福島の子どもたちに何をやりたいか聞くと、真っ先にプールに入りたい！　というのです。プールが使えませんでしたから。

プールがなぜこわいか。傷口から放射能が入るんですよ。みなさん、病院へ行くと飲み薬を処方されますね。急ぐ場合には注射を打つでしょう。薬物は血液に入れるのがいちばん効果が高いのです。即効性も、効率もいいのです。だから急ぐときは注射を打つのです。傷口から放射性物質が入るということは、同じ内部被ばくでも、じかに体液、血液に入るのです。だからプールがこわいんです。本当にわずかな放射能であっても、傷口から入ることは、吸い込む以上に、注意しなければいけないのです。

子どもの甲状腺がん

健康被害については残念ながらほとんどわかっていません。福島県で、県民健康管理調査というのが唯一行われているだけです。18歳以下の子どもの甲状腺がんを調査、研究するために行われています。山下俊一教授が調査のリーダーです。先ほどもいいましたが、彼は今はもう非常に信頼を失っています。被ばく量を推定する全県民対象のアンケート調査には、2割の人しか協力していません。

この調査には、非常に問題があります。目的が健康被害の未然防止ではなく、県民の安心のためになっていることが一番の問題です。県民のためではなく、自分たちの研究のためにやっているのではないかと県民からは疑われています。それでも、甲状腺検査はほとんどの子どもが受けています。私の子どもも甲状腺の検査を受ける予定です。県の健康調査に否定的な人であっても、甲状腺の検査だけは高い率でみなさん受けています。

チェルノブイリで子どもたちの甲状腺がんが増え始めたといわれるのは、原発事故の4年後でした[*注10]。ですから私は、今調査してもしかたがないだろう、とじつは思っていたのです。心配する親心につけ込んで、何をしようとしているのかと思ったら、ゼロベースを測っていたのです。放射線の影響が出る前、子どもの甲状腺がんはどれくらいあるのか、子どもの甲状腺の状態、しこりなどの状態は何パーセントなのかを調べようとしていたのです。

まさに、研究をするための調査です。

ところが、調査の集約結果は、驚くものでした。子どもたちの甲状腺に、3、4割という高い確率で、中程度ののう胞やしこりがあることがわかりました。のう胞やしこりは、それ自体が悪性、病気ではありませんが、割合があまりにも高すぎます。急きょ、福島県以外の子ども、4000人以上の調査も行われることになりました。[*注11] はっきりしたことはいえないのですが、少なくとも、想定しなかったような数字が出ていることは、共通認識のようです。

そしてついに2012年9月の発表で、甲状腺がんを発症したお子さんが1人、確認されました。小児甲状腺がんは100万人に1、2人ともいわれていますが、2013年2月の報告では約4万人の子どもの調査で3人、悪性が強く疑われる例も含めると9、10人の子どもが発症しているものと思われます。[*注12] いったい今何が起きているのか、これから何が起ころうとしているのか、私は本当に恐ろしくて仕方がないのです。

予防を優先してほしい

県民健康管理調査には、もう一つ大きな問題があります。小児甲状腺がん以外のさまざまな疾患について、まったく無視していることです。放射能の影響は甲状腺がんだけで、ほかの病気は放射線とは関係がないという前提に立って行われているのです。

私たちにとっての健康被害と、彼ら——国や東京電力、原子力産業、山下俊一教授ら原発に加担する者たち——にとっての健康被害はまったく別のものなのです。

これはぜひ覚えておいてほしいことですが、彼らがいう健康被害とは、放射能との因果関係が証明され加害者側がお金を払わなくてはいけないものだけをさしています。因果関係が証明できないものは被害とは認めず補償はしないと、過去の公害裁判の加害企業と同じように東京電力もいっています。

チェルノブイリ原発事故による汚染地域では、心臓疾患、呼吸器疾患などさまざまな病気の増加が報告されています。ウクライナでは平均寿命が10年以上短くなり、人口が1割以上減少しています。特に子どもたちの健康悪化が著しく、8割の子どもたちが慢性疾患を患っています。チェルノブイリ原発から西へ70キロにあるナロジチ地区では、事故後あらゆる病気が増え続け、事故から22年後の2008年には地区住民の罹病率が10倍になりました。しかも今現在も増え続けているのです。ウクライナ政府は2011年に公式報告書を発表し、白血病、白内障、小児甲状腺がん、心筋梗塞、脳血管障害など、多くの病気が原発事故の影響だと訴えました。*注13

しかし、WHO（世界保健機関）やIAEA（国際原子力機関）は、これらの病気の増加を被害とは認めていません。小児甲状腺がんだけは、もともと発症率が極めて低く、ほかの原因が考えられないため因果関係を認めていますが、ほかの疾患は放射能の影響とはいいきれないとし、こともあろうに喫煙やアルコール依存、さらには放射能を心配するあまりの心因性とする見解まで示しています。

因果関係の解明はもちろん大事です。私は、被害の賠償も求めていくつもりです。ですがそれより前に、被害の未然防止をしたいのです。子どもを守ることが優先なのです。因果関係の調査よりも先に、健康状態調査が必要なのです。健康異変が起きていないのか、それがたとえ別の理由、震災によるストレス、あるいは外で遊べない運動不足によるものだとしても、理由は問わず、とにかく今福島の、福島に限らず被災地すべての子どもたち、被ばくした子どもたちの健康が保たれているのかをまず調査するべきだ、と私は訴えています。

隠される被ばく

残念なことに、国は非常に消極的です。消極的というだけではない姿勢といってもよいでしょう。国は3年に一度、全国で患者調査というものを行っています。全国同じ日に、サンプリングした病院の患者の数、どんな病気にどんな治療をしたかといった基礎データを集めています。調査結果はこれからの医療行政に使われます。

２０１１年の10月１日がその調査日でした。ところが福島は全県除外されたのです[*注14]。被ばく隠しではないのか、という報道もありました。被害隠しと断定するのはいいすぎだ、と感じるかたもいるかもしれません。しかし少なくとも、福島を除く、ではなく、福島こそ、これまで以上に調査をしなければならないはずです。

２０１１年5月には、文部科学省、厚生労働省連名で、一本の通知が出ています。[＊注15] 被災地の健康調査は自治体の了解を得よ、という通知です。福島の自治体とタイアップしてやりなさい、それ以外にはお金は出ません、とも読み取れます。実際、民間による放射能被害の疫学調査は行われていません。

放射線の影響が疑われるような生態系の異変調査というと、虫や動物ばかりです。北大農学研究院の秋元信一教授が、虫の調査をされました。通常の10倍以上の確率で奇形がみられ、遺伝子レベルで突然変異を引き起こす外的要因があった、という結果でした。日米などの研究者が共同で行った鳥の調査もあります。福島第一原発周辺で鳥の数が減少し始めているほか、脳の委縮、生殖力の衰退という報告が出ていました。[＊注16]

新たな安全神話

今、福島の親たちは、どんな心境でしょうか。原発は事故を起こさない、という安全神話は崩壊したといいますが、今福島で、もう一つの神話が作られようとしています。放射能は安全だ、という安全神話です。

放射能は安全であるという情報に、みなさん非常に詳しいのです。

情報のネタとしては、とくに目新しいものではありません。自然からの被ばくが多い地域では年間10ミリシーベルトを超えているとか、CTスキャン1回で6900マイクロシーベルトだから、それから比べると、自分はここに住んでも大丈夫だと思っている、というような話です。こんな細かい数字など、全国の人に聞いても知らないでしょう。耳を疑うほど、みな知っているのです。毎日毎日、テレビ・ラジオ・新聞・広報誌などからそういう情報が繰り返し耳に入るのです。講演会もあります。学校からチラシも回ってきます。

学校から保護者がいわれるのは もっとせつないものです。あなたが心配しているから子どもの体調が悪くなるのだ、といわれるのです。心配のしすぎこそ、放射線の被害よりも大きいのだと、まるで母親を責めるような文書も来ます。

気にするな、このまま被ばくを受け入れて暮らせ、という宣伝が執拗に繰り返されます。

福島に行かれたら、驚かれるかもしれません。みんな普通に暮らしています。子どもを連れて、マスクもしないで歩いています。ふとモニタリングポスト――随所に放射能測定値が見られるところがあります――を見ると、1マイクロシーベルト毎時(事故前は0・03~0・06)などと表示されています。福島駅の西口はなぜか高くて、1マイクロシーベルトを超えていますが、そのくらいの数値が出ているのです。

人々のあいだでも、人前では放射能や避難の話はいっさい出ません。私の勤めていた団体の代表は非常に意識の高いかたで、職場は風通しよく、私のこうした活動も遠慮なくさせていただきました。同じ命を守る活動なのだから一生懸命やれよ、といってもらいました。

しかしその職場でさえ、放射能や被ばくの話、避難の話が出ると、みんな下を向いて、黙ってしまうように変わっていきました。

福島の人たち、福島の親たちが何を考えているのか、はた目には本当にわかりません。保養で県外に出たときに初めて、じつはこう思っていたんだ、という話ができる。たとえば子どもを保養に連れていく、毎週末、福島から出ているという話を表だってすると、あなた、まだそんなに心配しているのかい、といわれるので、隠れて行っているかたもいます。誰には安心して話せるけれど、誰にとがめるようなことをいわれるかわからず、疑心暗鬼のなかで暮らしています。

避難したい人が5割

そうした状況のなか、福島の親の心の一部、片鱗がわかったのが、2012年5月に福島市が調査した結果です（表3）。実際には福島大学（国立大学法人）の牧田実教授が市の委託を受けて行いました。

中学生以下の子どものいる世帯でみると、内部被ばくが健康に及ぼす影響に不安をもっている人は、ほとんど全員です。食べものの線量と産地に気をつけている人は8割以上。線量の高いところへ近づかないのは75パーセント以上。これはみなさん、わりとオープンにいえるのです。

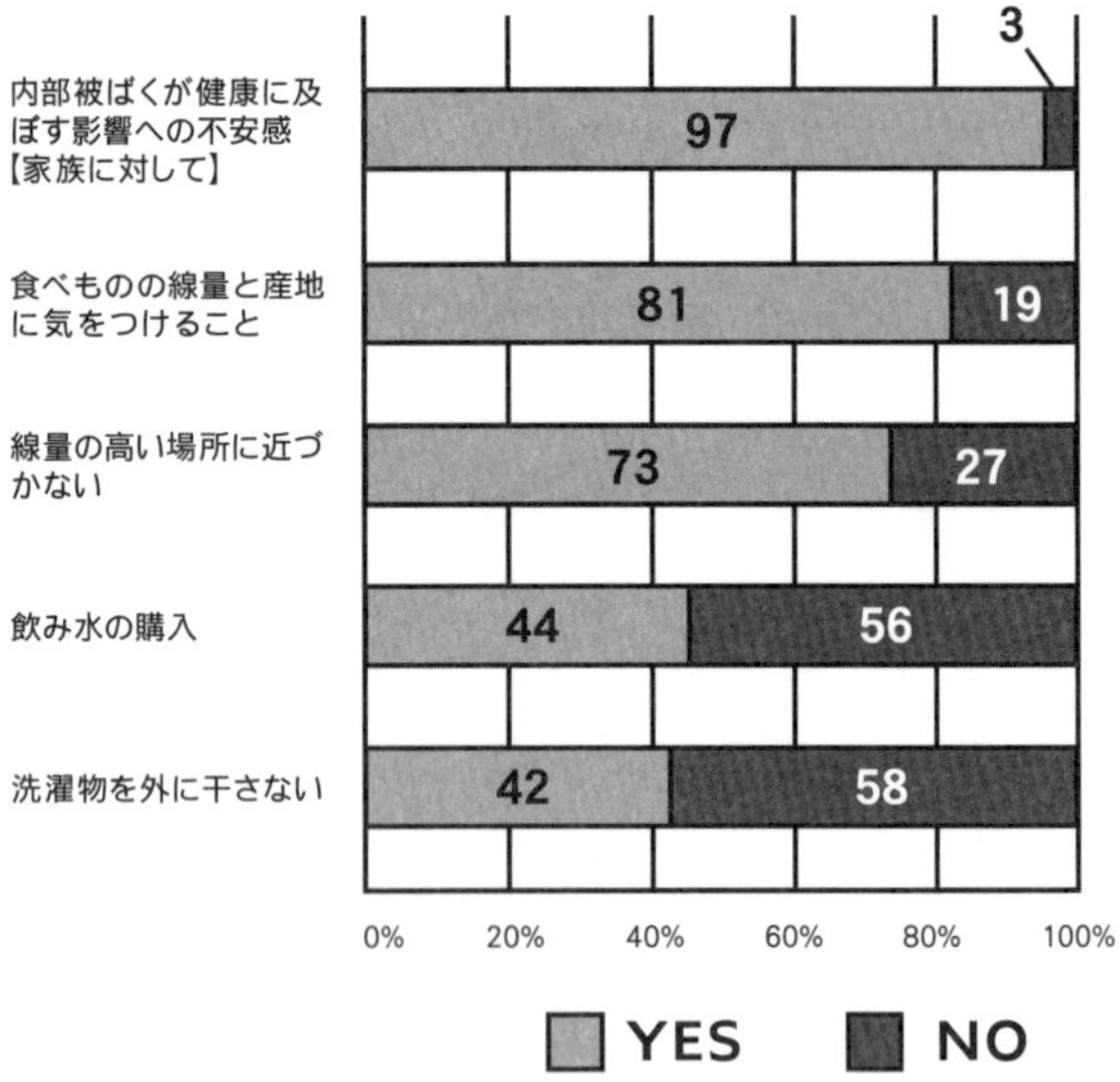

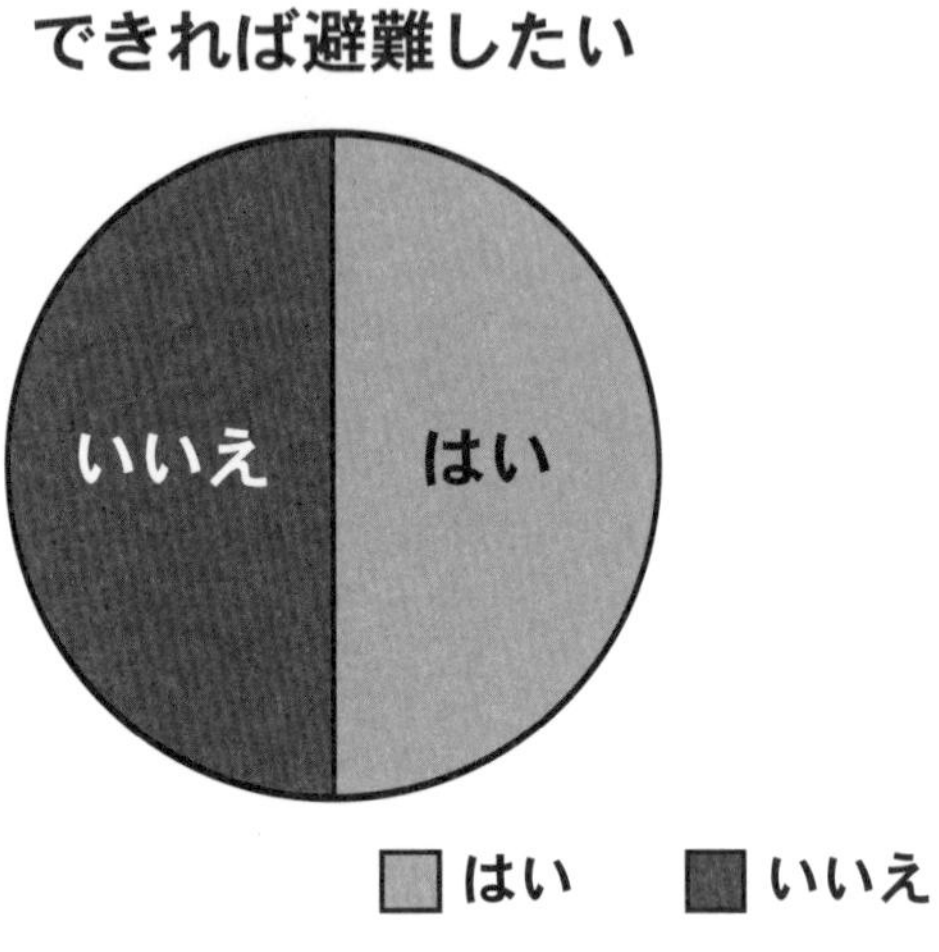

表3　「放射能に対する市民意識調査報告書」
（平成24年9月、福島市）より
中学生以下の子のいる世帯の集計

私がいた渡利地区は線量が高いといいました。まだたくさん子どもが残っていますが、ほかの地区の親たちは、渡利には近づかないようにね、というのです。また自分の地域でも、あの山の近くは近づかないように、あの池は放射線が高いからね、と、子どもにいい聞かせながら、暮らしていらっしゃいます。地域の汚染マップも書店で売っています。

飲み水を買って飲んでいるかたが4割。洗濯物を外に干さないかたも4割。心配しすぎだ、というかたもおられますが、切干大根の放射性セシウム測定値がショッキングなニュースとして流れました。乾燥機で干した切干大根は0ベクレルだったのが、外干しで作った切干大根は、3421ベクレルだったのです。[*注17] いまだに埃が危険だということがわかったのです。つまり洗濯物を外に干さないのは正しい選択なのです。

そして、できれば避難したい、と思っているかたが半数以上いることがわかりました。ほとんど放射能を気にせず暮らしているかのような福島のようすを知っている人にとっては、こんなにまだ避難を希望するかたがいらっしゃるのか、と驚くような結果でした。実際、福島県全体の転出超過はずっと続いています。[*注18] もちろん、一時退避はあまりなくなりましたが、新たに疎開をする、母子疎開が少なくありません。

そして2012年あたりから、だんだん増えてきているのが移住です。お父さんも一緒に移り住む。あるいは、先にお母さんと子どもだけで、お父さんはあとから来る予定で引っ越す。あるいは転勤希望を出して叶ったので引っ越すなど、さまざまなケースがありますが、人口流出はずっと続いているのです。

これからおそらく、何年もこういうことが続くはずです。中長期でみると、これまで以上に全国のかたがたに、避難希望者を応援していただきたいのです。移住となれば地域に定着して、生活を再建していかなければなりません。そういったことについても、さまざまに応援をしていただきたいのです。

保養弱者を出さないために

私もおかげさまで、ようやく生活が落ち着いてまいりました。福島を離れて、さまざまなプレッシャーからようやく解放され、リラックスできるような心境になってきました。子どもたちとも1年4カ月ぶりに一緒に暮らすことができて1年がたち、多少は挽回できたかな、という感じです。仕事のほうもなんとか目途がたちました。あと1、2年、今いただいている住宅支援が継続できれば、自力での生活再建ができるかな、そこをめざそう、と思えるようになりました。

もちろん、なかなか将来への目途がたたないかた、母子疎開で、いずれは福島に戻るか、あるいはご主人もこちらへ来るか、迷っているかたは本当につらいし、落ち着かない思いで今も暮らしていらっしゃいます。ですから継続的に支援をいただくことはたいへんに助かります。また支援なしには、避難も限られた人しかできないことをぜひご理解ください。

避難だけではありません。被ばくしている子どもにとって、保養もとても大切なことです。

事故の年の夏休みは、たくさん寄付が集まって、できるだけ自己負担のないように、福島の子どもたちを全国に招いていただきました。しかし2012年はさすがに、前年ほど寄付が集まりませんでした。寄付に頼るのは、やはり限界があるのです。

仕方なく、保養するかたにずいぶん自己負担をお願いしています。すると、やはり経済的に余裕のない人は出にくくなります。保養に行ける回数が限られる、という話が、だんだん耳に入るようになりました。保養弱者、避難弱者という言葉も聞くようになりました。どう考えてもそれはおかしいはずです。地獄の沙汰も金次第なのか、と誰もが思うはずです。贅沢をしようというなら、お金で差がつくのはしかたない、と私は思います。しかし、福島に暮らしていた、たまたま自分が暮らしていたところが、原発事故によって汚染された。それだけで、なぜ、被ばくを避けられる子、避けられない子、と差が生まれるのでしょうか。そんなばかな話はないはずです。本来、無用な被ばくをせずに生きていくことは、子どもに限らず、誰でも等しくもっていた権利のはずです。

被災者を守る法律

こういう問題意識から、原発事故子ども・被災者支援法づくりが始まりました。

チェルノブイリ事故では、俗にチェルノブイリ法といわれる支援法があります。その勉強会をきっかけに、日本版チェルノブイリ法を作ろう、という動きが同時並行的に始まったのが２０１１年６月ごろからでした。当時私が代表をしていた「子ども福島ネットワーク」が選択的避難区域の提唱をし、ＳＡＦＬＡＮ（福島の子どもたちを守る法律家ネットワーク）という弁護士グループから立法提案があり、日弁連からも提言があり、一部の国会議員も立法を考えてくださいました。

２０１１年末あたりからお互いに連動し合い、早く法律を作ろう、と急速に話がまとまってきて、２０１２年６月21日、議員提案の法律が衆参両議院、全会一致で可決され、原発事故子ども・被災者支援法が成立しました。

年間20ミリシーベルトは、今避難政策の基準にもなっています。年間20ミリシーベルトに達すると考えられる地域に避難指示が出され、20ミリ以下とされた地域は、避難しなくていい、ということになっています。[＊注19]

一方、私たちには被ばくをしないで生きる権利が定められています。法律で、年間１ミリを超えて被ばくしないように定められています。[＊注20] 年間20ミリシーベルトまで被ばくしていい、という話と、年間１ミリシーベルトを超えて被ばくしない権利がある、という話が二つ存在しているのです。

原発労働の被ばくで発症した白血病の場合、年間５ミリシーベルトで労災認定を受けられる、という行政上の基準がありますから、[＊注21] ５ミリシーベルト以上は違法といえるのではないかと私は思っていますが、ともあれ現在の避難政策は、今のところ年間20ミリ以上は避難です。そして年間１ミリ以下は合法です。つまりこのあいだはグレーゾーンになっているのです。

じつはこのグレーゾーン地域に関して、日本には法律がなかったのです。グレーゾーンで生活を続けるかたもありますし、自主的避難を選択されるかたもあって、地元では本当にわりきれない、やりきれない思いが交差しています。このグレーゾーンに生きる人々に対する国の責任を定めるのが、支援法なのです。

たしかに原発事故が起こったことによって、私たちは今までと同じようには生きられなくなりました。しかし原発事故が起こったからといって、私たちが自分らしく、人間らしく生きる権利を制限されたわけではないはずです。

どんな選択をしても

私たちは、つぎの四つの権利を実現したい、と思っています。

一つめは、住み続ける権利です。地域の中でも、さまざまな軋轢や、分断の圧力があります。わりきれない思いがたくさんあります。しかし、そこに住み続けたい。そのために、今までなかったような費用もかかるでしょう。水を買えばその費用も、あるいは経済以外の困難も抱えるでしょうが、それを乗り越えて、適切な配慮を受けながら住み続けることも権利です。

二つめは避難する権利です。被ばくを避けるために避難することは、ここまでお話してきたように当然の権利です。また、いつまでも家族が離れて生活することはできない、被ばくのリスクを受容して、故郷に戻ること。これが三つめの権利として保障されるべきです。

年間1ミリ以上20ミリ以下の地域をすべて被災地として、支援する責務が国にはあります。人にはさまざまな選択肢があります。ひとりひとりで判断が分かれるような選択肢は、どれ一つ欠けることなく、すべて国は支援する責務がある。これが、支援法の根本的な理念です。

先ほど安全だ、危険だ、というそれぞれの思いから、地域が分断されてしまうとお話しました。それは、われわれ人間が未熟だから、生じることでもあるでしょう。何が正しいかわからず、自分とは違う他者の選択を受け入れられなくて、人間の否定的な部分が表に出てしまうこともあるかもしれません。

しかし少なくとも、分断を助長する政策だけはやってはいけない。これだけはいえると思います。支援法は、ただでさえ分断が進みかねない環境の被災者に自己選択を保障し、分断を乗り越える糧を作るためにできた法律です。

四つめは健康管理、医療を受ける権利です。原発事故後、福島県は、18歳以下の県民の医療費を実質無料化しています。国に求めたのですが予算は出せないということで、県の独自予算で行っています。しかし避難者の場合、住民票を福島に残した子どもは医療支援が受けられますが、移住を決意して住民票を移した子どもは、支援は受けられません。

根本的には、福島県の問題にしていることが間違いなのです。福島県に限らず、原発事故で被ばくしたかもしれないすべての国民に対して、健康管理と医療を受ける権利を国が保障する、具体的な政策が必要なのです。しかもそれは調査研究のためではなく、健康被害を最小化するための政策であるべきです。

大筋では、支援法にはすべて盛り込まれました。ところが、欠点もあります。理念法だということです。こういうことを国ができると書いてあるだけで、具体的な保障義務が規定されませんでした。国をやる気にさせなければ何も実現しないのです。今お話した権利を実現できる、権利法とは残念ながらまだ呼べません。理念法にすぎないことが、今の支援法の限界です。

保養の受け入れを

私たちは被災当事者として、支援法に基づく施策の実現へ取り組みを続けていきます。おそらく長い時間のかかる取り組みになりますが、支援者のかたがたと協力し合い、粘り強く続けていきたいと思っています。

その中で、特に急がれる課題として、ここでは二つお話します。

一つは避難支援策としての住宅支援についてです。私も現在、住宅支援を受けています。これは支援法の適用ではありません。天災の場合に短期間、避難するときのための災害救助法を援用して受けているのです。ですから、期限があることは初めからいわれていました。1年延長、また1年延長され、今決まっているのは2014年3月までです。そのあとの保証はありません。この間にも、支援策はどんどん縮小されています。２０１３年からは、福島県外に移住を希望しても住宅支援を受けられなくなりました。県外に避難している人が福島県に戻ってくる場合の住宅支援だけが継続されています。

住み続けること、避難すること、戻ること、すべてが権利だといいました。しかし、福島県から人口が流出するような政策を県みずからに任せることには、やはり限界があるでしょう。早急に、支援法に基づいた新たな住宅支援策、新規の避難支援も含めた政策を実現しなければならないと思っています。

もう一つは、被ばくした大人も子どももすべてが、一生涯にわたって必要な健康管理と医療を受けられる施策です。福島県には、県外に住民票を移した人の医療支援はできないわけで、やはりこれは、国がやらなければなりません。同じ被ばくをした人が、住民票の所在で差別されているのです。また福島以外で被ばくした子どもたちは、初めから枠の外に置かれています。広島長崎の被ばく者を対象にした被爆者援護法という法律があります。*注22 それと同等のことを実現するには、支援法のもとに、個別に法律を作らなければならないかもしれません。将来を見据えながら、まず今の課題として、被ばくしたすべての子どもたちに健康管理の支援策を実現させなければなりません。

今の日本政府が迅速にこれらの政策を行うとは、私も甘く考えてはいません。

これまでがそうであったように、どんな小さな取り組みでも、先行する民間の、市民のみなさんによる支えが、法的な権利を実現するまでの橋渡しになってくださることでしょう。私が今も属している「子ども福島ネット」でも、春休み、夏休み、冬休みの保養キャンプを行っています。札幌の支援団体「むすびば」が募集した春休みの一時保養は、すぐに定員いっぱいになりました。ぜひ全国の地で、これまで以上に、お力添えをいただければと思っております。

なかなか大きい声をあげられないけれども、人知れず避難する、移住を選択するかたがたがこれからも続きます。避難者にとって、どんな支援があるかといった情報は、避難先を決めるときに非常に重要です。行ったこともない土地で明日から暮らそうとは、なかなか誰も思えないものです。

たとえば保養へ行った先で地元のかたと関係ができます。顔の見える関係から安心感が生まれ、いよいよ避難を決意したときに、信頼できる人がいるあの土地へ行こう、と決めることができるのです。そうした関係づくりのためにも、サマーキャンプや保養が役立ちます。ぜひ、保養受け入れのご協力も引き続きお願いできればと思っております。

今日はどうもありがとうございました。

質問　健康被害や食の安全も考えますと、これから長い時間向き合わなければならない問題だということが改めてわかり、重く受け止めています。そうした状況でも、中手さんが新天地の北海道で、希望をもってやってみたいことをお聞かせください。

中手　はい、ありがとうございます。ご質問にお答えする前に、今の心境にいたるまでのことを少しお話させてください。

私は今回の原発事故が起きて、大きな後悔と懺悔の思いをもっているとお話しました。もう一つ、悔しくて情けなくてしかたないのは、私たち福島人の未来を、子どもたちにどう語っていいのかわからない、子どもたちに語るべき未来がない、ということです。これは、私にとってたいへん大きな苦しみです。

いまだに私が福島の未来に語れることはありません。福島はこういうふうにして復興していくんだよ、というビジョンとして子どもに語れるものが、何もないのです。それが非常につらいのです。

しかし、これはたいへん長期間にわたる話なのですね。そこで、今自分にできることは何なのか、と考えたときに、私が次の世代に希望を語ることはできない、残念ながらできないけれども、この子たちが自分自身で希望を見出していく、そういう人間に育てることが私の責務だろう、と思うようになりました。

さて、これからの希望についてですが、先ほど新しい仕事の目途がついてきたといいましたが、福島から障がいのあるかたが北海道へ避難してくることがきっかけで、障がい者向けのサービス事業所を立ち上げました。

私は福島で30年、地域の障がい者の自立支援のために、１００パーセント打ち込んで仕事をしてきました。しかしこれからは、別の目的も加わりました。もちろん、地域の障がい者の役に立つことが第一です。しかしそれだけでなく、ぜひ避難、移住してきているかたの役に立つ活動もしたいと思っています。といっても、避難者のかたを積極的に雇用するとか、それくらいのことしかまだできないかもしれません。

三つめに、今福島はじめ被災地にいるかたのために、この北海道から何かできないか、と考えています。これは仕事に限ったことではなくて、札幌の「むすびば」という支援団体にも入れていただいて、保養企画のお手伝いや、避難希望者からの相談を受けています。

地域のため、避難者のため、被災地のため、この三つを一つずつ具体化していき、これからの私の人生を作っていきたい。

そして最後には、原発事故は防げなかったけれども、できることは精一杯やったつもりだ、と、子どもたちに胸をはれるようになりたい、と思っています。そして、二度とこんな悲劇を繰り返さないために、すべての原発を廃絶する活動にも精一杯取り組んでいきたいと思っています。

質問　施設職員をしております。僕は幼いころからいじめられっ子だったので、いじめをなくしていくには、いじめに打ち克つにはどうしたらいいか、と常日頃考えています。福島から来た子どもたちに、差別意識をもつ人、そういう潜在意識をもつ人はどうしてもいると思うのですが、これに関してお考えをお聞かせください。また僕も、重症の子どもたちの指導員をやっています。原発事故後の重症心身障がい児者はどういう扱いを受けたのか、おうかがいしたいと思います。

中手　差別については本当に根が深くて、一言でいえる解決策はないことは、おそらくご質問いただいたかたもよくご存じかと思います。ある種、民度――という言葉は私は好きではないのですが――の問題でもありますので、ぜひ、これから力を合わせて取り組んでいきたいと思います。

私が避難している仲間たち、あるいは福島に残っている仲間たちに、原発事故当初から一貫していってきたことが一つあります。それは、被ばく者であることを隠さない、ということです。これを何度も何度もいっています。堂々と生きることだ、と。

もちろん、隠さないことによって受ける差別的な扱いもあるでしょう。しかし隠すことが、差別の根をより深くします。結果として、差別されている当事者が、差別を助長することになるのです。

これは、広島長崎の被ばく者のかたがたから、自分たちの教訓をふまえたお話として、うかがったことでもあります。私が障がい者団体で活動するきっかけを作った福島の障がい者団体の代表も、堂々と生きているかたです。障がいをもちながら主体的に生きようとしている、自立生活をめざして生きているかたがたから学んだことです。

隠さずに堂々と生きましょう、と。少なくとも、差別を助長する側にまわるような愚はおかすまい。願わくば、差別を少しでもなくしていける側に立った生き方をしようじゃないか、と呼びかけています。差別してしまう側についても、一筋縄ではいかない問題ですが、みなさんと一緒にこれから考えていきたいと思っています。よろしくお願いします。

重度心身障がい児者については、強制避難区域にいたかたは、たいへん苦労されました。関東の施設に移ったかたもおられます。職員の減少もありました。働いているスタッフも、子どもを抱えていれば避難する必要を感じるわけですが、避難したら職場放棄とみなすと通告を出した事業主さんもありました。これは正しいかというと、私にはそうは思えないのですけれども、単純に良し悪しをいいきれないような混乱もありました。

私自身が非常に心を痛めたのは、自分で情報にアクセスできて、自己決定に基づいて、避難するなりとどまるなりの判断を主体的にできるかたはまだしも、重度の障がいがあるかたはとくに、情報アクセスの段階から制限されてしまうことでした。実際、ろうあ者のかたは、サイレンが鳴っても聞こえないため集団避難から取り残されたという話も聞きました。私の住んでいた福島市でも、障がいが重度になればなるほど、避難している割合も低いということがありました。障がいがあることによって、避難ができる／できない、そんな差があってはいけません。

原発事故後、私がいた団体も加わって「ＪＤＦ被災地障がい者支援センターふくしま」ができました。そこでは、障がいの有無によって避難できる／できないということに差があってはならない、というスローガンを掲げて、避難支援に今も取り組んでいます。

ご質問にストレートな答えではなくなってしまいましたが、担い手不足もどんどん深刻になっているなかで、がんばっているかたがたくさんいらっしゃいます。

質問　すばらしいお話をありがとうございました。私自身、障がいがあり、移住の経験もあります。今すぐ何かできることはないのですが、福島で自立生活をしているかた、あるいは、障がいをもつ子どものいる家族が、北海道に移住したいという希望をもっても、たぶん相当な覚悟が必要だと思います。そんなとき少しでも、北海道の障がい者団体で、何かサポートできることがあれば、お聞かせください。

中手　先ほど、ある障がい者のかたが福島から札幌に移住されてくることをお話しました。非常に重度のかたなのですが、昨年10月に一度札幌に下見に来られたのですね。

そのとき、札幌の障がい者団体、サービス事業所、支援団体、とくに当事者のかたがたが、たくさん応援してくださいました。宿泊場所の提供から移動手段の確保まで幅広く助けてくださって、ご本人も感動しておられました。逆にいうと、そうした支援がなければ、下見に来てから5カ月後の移住は実現しなかったと思います。そのかたはじつはずいぶん前から避難の希望をもっていたのですが、なかなか実際の計画までは進まなかったのです。

受け入れ側の心意気、心もちというのでしょうか、北海道はとてもすばらしいと思っています。北海道での支援があったから、スムーズに移住が決まったのかなと思いました。

ご指摘があったように、障がいがあればなおのこと、避難するには大きな決断がともないます。障がいをおもちのかたは、避難のハードルが高く避難している割合は低い。しかし、地域の担い手不足も深刻になってきている。住み続けることへの不安も増しています。

関係性づくりから一つずつ始めていく意味でも、短期的な保養でもいいのです。全国からいろんな企画を作っていただいて、福島へもち込んでいただけたらうれしいです。取次役は私がやりますので、ぜひよろしくお願いします。

本書は、2013年1月27日北海道旭川市で行われた著者の講演「福島から北海道へ～子どもたちを守る輪を全国へ広げよう」(チーム今だから主催)をもとに加筆修正しました。

〔注〕

注1　福島民報2011年3月12日。

注2　福島民報2011年3月20日。

注3　放射性同位元素等による放射線障害の防止に関する法律に基づく「放射線を放出する同位元素の数量等を定める件」、労働安全衛生法に基づく「電離放射線障害防止規則」など。3カ月で1・3ミリシーベルトは毎時換算で0・59マイクロシーベルト。年少者労働基準規則は、放射線管理区域内における18歳未満の労働を禁じている。

注4　福島県HP「福島県から県外への避難状況」、統計局HP「住民基本台帳人口移動報告　東日本大震災の人口移動への影響」など。

注5　北海道HP「北海道における被災避難者の受入状況」によれば2897名（平成25年4月4日現在）。

注6　「原発事故収束を宣言」（朝日新聞2011年12月17日）、「〝原発事故は収束〟総理発言に福島県知事が不快感」（ANNニュース2011年12月19日放送）。

注7　「シリーズ東日本大震災　空白の初期被ばく～消えたヨウ素131を追う」（2013年1月12日放送）。

注8　原爆投下後、爆心地に入って被ばくすること。

注9　「コメ地産地消へ回帰　県内の学校給食」（福島民報2013年1月12日）、「県内の学校給食、「県産食材」震災前の半分」（福島民友2013年2月25日）。

注10　M・V・マリコ「ベラルーシの青年・大人の甲状腺ガン」（今中哲二編『チェルノブイリによる放射能災害　国際共同研究報告書』技術と人間、1998年）など。

注11　福島県HP「甲状腺検査実施状況及び検査結果について」、環境省HP「福島県外3県における甲状腺有所見率調査結果」（2013年3月29日）。

注12　「甲状腺がん1人確認　福島医大『放射能の影響ない』」（福島民報２０１２年９月12日）、「新たに２人甲状腺がん　県民健康管理調査」（福島民報２０１３年２月14日）。

注13　「ウクライナ政府（緊急事態省）報告書『チェルノブイリ事故から25年 "Safety for the Future"』」より（『市民研通信』第９号 通巻１３７号 ２０１１年 10＋11＋12月）。

注14　「全国の患者調査から福島を除外」（東京新聞２０１２年１月７日）。

注15　厚生労働省ＨＰ「被災地で実施される調査・研究について」（２０１１年５月16日）

注16　「福島のワタムシ　一割奇形」（北海道新聞２０１２年８月16日）、"Bird numbers plummet around stricken Fukushima plant", The Independent, 2012.2.3.

注17　福島県農業総合センター「平成24年度農業分野における放射性物質試験研究成果説明会（第２回）資料」（２０１２年10月29日）。なお一般食品の放射性セシウム基準値は１００ベクレル（１キロあたり）。

注18　「1万３８４３人転出超過、全国一　昨年の福島県」（福島民報２０１３年１月29日）。

注19　経済産業省「年間20ミリシーベルトの基準について」（２０１３年３月）。

注20　核原料物質、核燃料物質及び原子炉の規制に関する法律など。

注21　「電離放射線に係る疾病の業務上外の認定基準について」（労働省労働基準局長、１９７６年11月８日）は、白血病の労災認定基準として、年間５ミリシーベルトを明記している。なお、２０１１年の厚生労働省の発表によると、過去35年間で、がんになった原発労働者のうち10人が労災認定を受けている。このうち白血病は６人であり、累積被ばく線量は１２９・８～５・２ミリシーベルトである（共同通信２０１１年４月28日）。

注22　原子爆弾被爆者に対する援護に関する法律。

避難する、住み続ける、帰還する
どの選択も、国が支援することを定めた

保養・支援について
もっと知りたい方へ

原発事故子ども・被災者支援法

この法律は2012年6月、超党派の国会議員が提出して全会派一致で成立した議員立法です。

原発事故で被災した方、一人ひとりの自己決定権を認める画期的な法律です。

被災者だれもが生活のため、健康被害を防ぐための支援を受けることができます。

詳しくは

原発事故子ども・被災者支援法市民会議
http://shiminkaigi.jimdo.com/

＊お問い合わせ

福島の子どもたちを守る法律家ネットワーク（SAFLAN）
〒101-0041　東京都千代田区神田須田町 1-3　NAビル4階
Fax：03-3255-8876

国際環境NGO FoE Japan
〒171-0014　東京都豊島区池袋 3-30-22-203
Tel：03-6907-7217　Fax：03-6907-7219

原発事故の被災地に暮らす方、全国に避難している方を
全国の受け入れ支援活動につなげるネットワーク

うけいれ全国

「保養に出たい」

「保養や移住のお手伝いがしたい」

どうしたらいいの？


「311受入全国協議会（通称うけいれ全国）」は

○相談者と受け入れ先のマッチング、心と身体の保養や移住の情報交換
○全国の保養・キャンプ情報の紹介
○保養キャンプ継続サポート
○被災地や避難先での相談会

を４つの柱に活動しています。ぜひご相談ください。

詳しくは
http://www.311ukeire.net

＊お問い合わせ
311受入全国協議会　事務局窓口
［事務局］　E-mail：info@311ukeire.net　tel：090-3468-3741
［相談窓口］E-mail：soudan@311ukeire.net　tel：080-4613-6268

中手聖一（なかて・せいいち）
1961年いわき市生まれ。福島市在住中に東日本大震災で被災。2012年6月、30年以上勤めた障がい者団体を辞職し札幌市に移住。2013年3月、障がい者向け訪問介助サービスを行う合同会社うつくしま「うつくしま介助サービス」を立ち上げる。子どもたちを放射能から守る福島ネットワーク前代表、原発事故子ども・被災者支援法市民会議代表世話人、むすびば・札幌くらし隊メンバー。

Special thanks to Team Ima-Dakara, OGAWARA Ritsuka, OTANI Koji, SHISHIDO Toshinori , and HAYAO Takanori.

父の約束　本当のフクシマの話をしよう

2013年6月21日　第1刷発行

著　者　中手聖一
編集・発行人　中野葉子
発行所　ミツイパブリッシング
〒409-1501
山梨県北杜市大泉町西井出泉下6040-2
電話　050-3566-8445
E-mail　hope@mitsui-creative.com
URL　www.mitsui-creative.com/publishing

ISBN978-4-907364-00-7 C0095